DE COSTAS À JUSTINA: O PROCESSO PENAL EM COIVARA DA MEMÓRIA

GIOVANE ADRIANO DOS SANTOS

DE COSTAS À JUSTINA: O PROCESSO PENAL EM COIVARA DA MEMÓRIA

LAVRAS – MG 2019

DE COSTAS À JUSTINA: O PROCESSO PENAL EM COIVARA DA MEMÓRIA

> Monografia apresentada à Universidade Federal de Lavras, como parte das exigências do Curso de Direito, para a obtenção do título de Bacharel.

Prof. Dr. Ricardo Augusto de Araújo Teixeira Orientador

GIOVANE ADRIANO DOS SANTOS

**LAVRAS –
MG 2019**

DE COSTAS À JUSTINA: O PROCESSO PENAL EM COIVARA DA MEMÓRIA

TURNING OUR BACKS ON JUSTINA: THE PENAL PRODUCERE IN COIVARA DA MEMÓRIA

> Monografia apresentada à Universidade Federal de Lavras, como parte das exigências do Curso de Direito, para a obtenção do título de Bacharel.

Aprovada em 12/06/ 2019.

Prof. Dr. Ricardo Augusto de Araújo

GIOVANE ADRIANO DOS SANTOS

Teixeira – UFLA Profª. Drª. Daniela Olímpio de Oliveira – UFLA

Prof. Dr. Ricardo Augusto de Araújo Teixeira Orientador

LAVRAS – MG 2019

> *"o poder é de quem detém a palavra"*
>
> Adélia Prado

RESUMO

Com base nos escritos de Roland Barthes, o texto defende que a expressão "processo penal", contida no título desta monografia, pode ser lida em Língua Portuguesa por meio de dupla perspectiva, porque *Coivara da Memória* constrói uma narrativa sobre a persecução de um suposto crime e, metalinguisticamente, uma narrativa sobre a narrativa. Na primeira situação, a palavra "penal" aproxima-se semanticamente da esfera jurídica; na segunda, remete à própria ação de escrever o romance, significando o processo de escrita. Constatou-se isso a partir da tentativa de responder à pergunta: qual a construção do processo penal que há em *Coivara da Memória*? Contidos na obra barthesiana, foram colocados em destaque por este estudo os conceitos *escritura* e *significação*. Ademais, procurou-se demonstrar que a prosa de ficção analisada 'diz' algo a respeito de si mesma e do Direito, principalmente pelo que decorre da análise de algumas personagens que a compõem. O 'espaço' que Justina, Ventura e Malaquias ocupam na estrutura do texto de Francisco Dantas faz com que seja possível sustentar que essas personagens, cada qual a seu modo, aludem à faceta dúplice do "processo penal". Etimologicamente, essa perspectiva é reforçada em virtude do fato de que aqueles três nomes, se analisados em conjunto, podem oferecer leituras sobre o Direito e a Literatura, razão pela qual foi enfatizada a abordagem a respeito das personagens. Antes de concluir, a monografia realça que o romance é abrigo de outras áreas do conhecimento e que estudá-lo sob a ótica aqui exposta é, obviamente, uma escolha que está sujeita, como toda outra, a reformulações.

Palavras-chave: Processo Penal. Literatura. Escritura. Texto. Direito.

ABSTRACT

Based on the writings of Roland Barthes, this text argues that the expression "penal procedure", contained in the title of this monograph, can be read in the Portuguese Language by means of a double perspective, because Coivara da Memória builds a narrative about the pursuit of a supposed crime and, metalinguistically, a narrative about the narrative. In the first situation, the word "penal" relates semantically to the legal sphere; in the second situation, it refers to the very act of writing the novel and signifies the writing process. This was evidenced from the attempt to answer the question: what is the construction of the penal procedure in Coivara da Memória? Contained in the work of Barthes, the concepts *scripture* and *signification* were highlighted in this study. In addition, an attempt was made to demonstrate that the fiction analyzed 'says' something about itself and the about Law, mainly due to results from the analysis of some characters that compose it. The 'space' that Justina, Ventura and Malaquias occupy in the structure of Dantas's text allows to argue that these characters, each in their own way, allude to the Penal Procedure and the process of writing. Etymologically, this view is reinforced by the fact that these three names, if analyzed together, can offer interpretations on the Law and the Literature, which is why the approach to the characters was emphasized. Before concluding, the monograph emphasizes that the novel harbors other areas of knowledge and that to study it from the perspective presented here is certainly a choice that is subject, like all others, to reformulations.

Keywords: Penal Procedure. Literature. Scripture. Text. Law.

1. INTRODUÇÃO

"Na medida em que quiser ser igual à realidade, o romance será um fracasso".

(CANDIDO et al, 1976, [63?])

No projeto de monografia, foi feita esta indagação: "a qual sistema processual (acusatório ou inquisitório) o narrador-personagem de *Coivara da Memória* destina críticas?". A pergunta não é boa, pois traz em seu bojo uma possível resposta, à moda de alguém que vê uma nau sobre o mar e quer saber de um grupo de pescadores situado à beira da praia: 'a embarcação vai para o norte ou para o sul, senhores?', desprezando outras possíveis direções. Não se está afirmando, contudo, que o número de leituras dos sistemas do processo corresponde ao dos pontos cardeais, o que, se assegurado, seria mentira. A impertinência daquele questionamento não se apresenta somente pela suposição de que o romance se refere de modo estanque a isto ou àquilo, mas também porque afirma que o texto é crítica ao Direito e ao processo penal. Em suma, partir da afirmativa segundo a qual a ficção seria crítica a um sistema processual, a um conjunto de normas, e concluir de igual modo imporia ao texto uma circularidade que deve ser evitada.

À primeira pergunta expressa nas linhas do parágrafo anterior deve anteceder outra: o romance estudado faz referência ao Direito? Porém, já que para responder a esta (com simples "sim" ou "não") seria desnecessária a elaboração de uma pesquisa mais detalhada, apresentando-se satisfatória a leitura de alguns excertos da obra, o que se pergunta, de fato, é: qual a construção do processo penal que há em *Coivara da Memória*? Ao termo "construção", conforme se pode notar, relaciona-se uma perspectiva sobre a Literatura que é diferente daquela sugerida pela indagação inicial. Ou seja, se se quis anteriormente saber o modo com que o livro de Francisco Dantas criticaria o Direito, agora se indaga de que maneira o processo penal é edificado pela narrativa de ficção. No primeiro caso, verifica-se uma crítica ao "real"; no segundo, uma invenção – e há nisto aparente incoerência – da "realidade". Isso equivale a dizer que o texto literário possui realidade própria, pois cria outro(s) mundo(s). Nas palavras de Antonio Candido (2006), em se tratando de criticar uma obra, "[o] primeiro passo (que apesar de óbvio deve ser assinalado) é ter consciência da relação arbitrária e deformante que o trabalho artístico estabelece com a realidade, mesmo quando pretende observá-la e transpô-la rigorosamente, pois a mimese é sempre uma forma de poiese" (CANDIDO, 2006, p. 22).

A linguagem artística não se destina a dizer o mundo, mas a inventar mundos e sentidos internos à própria obra criada, afastando-se da utilidade e do caráter instrumental que talvez se encontrem atrelados a outras manifestações culturais, o que não significa, é certo, que arte seja um templo sagrado, um espaço alheio às visões de mundo dos autores, leitores e às influências dos contextos sociais e econômicos em que está inserido. De modo mais preciso, pode-se dizer que a Literatura não apresenta o mundo senão por espelhos côncavos e convexos e, ao fazê-lo, deforma-o e dá forma a seres, relações, sentimentos que podem aludir aos que se encontram no dia a dia de uma comunidade, mas não os reflete, nem os pode refletir, de modo idêntico. Assumir isso é olhar para os textos literários e não vê-los como meios úteis a isto ou àquilo, mas como produção de sentido que nunca guarda a leitura final, a palavra última, a crítica acabada. Ou seja, a literatura é significação, termo que será brevemente explicitado em ocasião oportuna.

Antes de dar início à narrativa segundo a qual o estudo foi desempenhado, é importante, à maneira de Roland Barthes (2007), destacar que a tarefa dos críticos "não consiste em 'descobrir', na obra ou no autor observados, alguma coisa de 'escondido', de 'profundo', de 'secreto', que teria passado despercebida até então (por que milagre? somos nós mais perspicazes do que nossos predecessores?)" (BARTHES, 2007, p. 161, aspas no original). O que se deve fazer ao analisar uma escritura, diz o francês, é aproximar a linguagem fornecida pela época do autor: "(existencialismo, marxismo, psicanálise) à linguagem, isto é, ao sistema formal de constrangimentos lógicos elaborados pelo próprio autor segundo sua própria época" (BARTHES, 2007, p. 161, aspas no original). Ao mencionar as "áreas do conhecimento" contidas no excerto, Roland Barthes afirma implicitamente que os textos não se definem por temas, mas por construções que visam a atingir esta ou aquela forma, reunindo, portanto, saberes vastos. Em outra ocasião, o estruturalista enfatiza: "verdadeiramente enciclopédica, a literatura faz girar os saberes, não fixa, não fetichiza nenhum deles" (BARTHES, 2004, p. 17).

Assumindo esse caráter enciclopédico e retornando à dúvida que norteou a pesquisa, é importante que fiquem explicitados os caminhos mediante os quais se almeja atingir uma resposta. Inicialmente, partindo dos escritos de Roland Barthes, algumas linhas serão dedicadas à adoção de um conceito de Literatura. Os esforços em torno dessa definição constituem parte relevante do estudo, mas não pretendem abarcar – e ainda que pretendessem seriam frustrados – a completude do fenômeno literário. É em virtude de uma necessária delimitação que as ideias daquele autor francês podem ir ao encontro dos objetivos suscitados e chegar a uma conclusão oportuna à pergunta que permeia este texto. Isso não significa, é certo, um anseio pela resposta última, mas pela provisória, pois é a isso que a leitura barthesiana remete.

Em seguida, coloca-se o foco das discussões nas personagens Justina, Ventura e Malaquias, visando a defender que elas representam chaves centrais para a leitura desenvolvida nesta monografia, tanto pelo modo com que estão inseridas na estrutura da narrativa quanto pela etimologia que carregam. Feito isso, o texto discorre a respeito dos aspectos relacionados à linguagem por meio da qual os processos penais (processo de escrita e persecução do suposto delito) inventados pelo narrador são desenvolvidos. Serão também destacadas as incertezas que há sobre a existência e a autoria do homicídio e defendida, por assim dizer, a opinião segundo a qual o texto de Francisco Dantas constrói esteticamente a dúvida e nega o poder difundido naquela sociedade interiorana. Essa negação parece referir-se também ao Direito e ao processo em que o narrador é réu, o que se afirma, sobretudo, pelo silêncio (negação da palavra) da testemunha Malaquias.

Destacando que o romance analisado aborda outros conhecimentos, o texto conclui que o esforço desenvolvido ao longo das páginas foi limitado a aspectos relacionados ao Direito e à Literatura. A isso se acrescenta que a monografia antecipa necessárias críticas: Roland Barthes não é um autor diretamente relacionado ao Direito; não foram oferecidas distinções entre "sistemas processuais" e; apesar de o texto ter dado ênfase a algumas personagens, ele não discorre precisamente sobre o que entende por "personagem". Ciente dessas limitações que são mais ou menos evidentes e de outras às quais não são feitas menções porque escapam a esta escrita, o trabalho encerra-se fazendo referência às noções de poder e de linguagem contidas na obra de Roland Barthes e enfatiza que as autocríticas desde agora levantadas não interferem no fato de que *Coivara da Memória* diz algo acerca do Direito e da Literatura.

Feitas essas considerações, enfatiza-se que a análise da relação entre as duas áreas aqui desenvolvida não tem o objetivo de interpretar os trechos do romance que talvez aludam a normas jurídicas e tampouco o contrário. Ou seja, o trabalho não pretende olhar o Direito pelos olhos da Literatura, nem esta segundo aquele. Em verdade, o objetivo da monografia foi enfatizar o modo por meio do qual o livro de Dantas constrói internamente ao texto ficcional noções relacionadas às duas disciplinas, sem supor, como dito, que o romance se limite a uma abordagem semelhante a esta. Afinal, para esta monografia, os saberes a que desde o título foram feitas referências aproximam-se em virtude de uma noção oferecida pela própria *Coivara da Memória*: escritura. O que é, contudo, escritura?

2. SOBRE A VELHA REMINGTON: AS ESCRITURAS DO RÉU-TABELIÃO

> *"Do canto da escrivaninha, suspendi a caneta e levantei os olhos da escritura que trasladava"* (DANTAS, 1991, p. 277).

Quando Leyla Perrone-Moisés traduziu *Leçon*, de Roland Barthes, ela tomou o cuidado de justificar a escolha do termo 'escritura' para corresponder à palavra '*écriture*', que é encontrada na versão francesa do texto com que o autor se apresentou ao Colégio de França. Aquela professora do Largo de São Francisco – ao encontrar na literatura de Língua Portuguesa textos em que o vocábulo escritura foi utilizado como sinônimo de escrita ou de obra escrita – afirmou, dentre outros aspectos cuja abordagem é desnecessária aos objetivos deste trabalho, que "[a] conotação tabelional, no caso da escritura barthesiana, não é um estorvo, mas um parentesco semântico assumido e explorado"[1]. Conforme ela enfatizou, o autor francês, que era descendente de tabeliões, escrevera: "[n]ão foi a escritura, durante séculos, o reconhecimento de uma dívida, a garantia de uma troca, a firma de uma representação? Mas, hoje, a escritura vai indo lentamente para o abandono das dívidas burguesas, para a perversão, a extremidade do sentido, o texto..." ².

A voz narradora desse romance, que é escrito à revelia do cosmopolitismo (DANTAS, 2002, p. 391) e faz reaparecer o "domínio sertanejo" (SANTINI, 2011, p. 332), também aproxima a escritura jurídica da escritura literária, ou seja, do processo de escrever. Contido na epígrafe deste capítulo, o verbo 'trasladar' reforça essa perspectiva, pois o protagonista, valendo-se de um sentido conotativo, isto é, de uma metonímia, faz referência à tradição literária na qual pretende inserir seu texto e coloca-se em diálogo com ela. Trasladar, nesse contexto, remete à metáfora da coivara, refere-se às cinzas que servem de suporte ao novo que o escrivão, colocando-se como autor de literatura, pretende instaurar. Realizada a metáfora, a coivara equivale ao traslado, à cópia que muda as palavras de um local para outro, dando-lhes novos significados, sem, contudo, esquecer-se das escrituras antecedentes, textos dos quais elas foram tomadas de empréstimo. Trata-se de uma inovação referenciada no passado.

---

[1] O trecho entre aspas foi retirado do posfácio que Leyla Perrone-Moisés fez à obra *Aula (Leçon)*.

[2] O fragmento corresponde à obra *Roland Barthes por Roland Barthes*, que é citada por Leyla Perrone- Moisés no posfácio de *Aula (Leçon)*. No início do capítulo seis de *Coivara da Memória*, o tabelião queixa-se porque foi acordado de madrugada pelo Oficial de Justiça e pela sentinela. Estes necessitavam de um daqueles serviços cartorários a que Roland Barthes fez referência, o reconhecimento da firma de uma representação. Em resposta ao chamado, o réu escreve: "Vejam só: acordar um cristão a gritos só para reconhecer a firma de uma assinatura qualquer num atestado safado!" (DANTAS, 1991, p. 51).

Não é possível saber realmente se o tabelião está elaborando uma escritura jurídica ou se se refere, amparado pela função metalinguística, ao ato de escrever a prosa de ficção da qual ele mesmo é o protagonista, porque o excerto que apresenta a cena permite as duas interpretações. Seja qual for o sentido dado à palavra que remete ao conceito de Roland Barthes, é verdade que a aproximação entre escritura jurídica e literatura/texto é enfatizada por palavras que remetem à ação de escrever, por exemplo: 'escrivaninha' e 'caneta'. E, além disso, é ressaltada porque o romance de Francisco Dantas, assim como sugeriu Roland Barthes, apresenta um tabelião-narrador, alguém que, cansado das escrituras do Direito, as transforma em escrituras literárias.

O homem que peleja com as energias que ainda lhe restam (DANTAS, 1991, p. 11) e que se diz preso, impossibilitado de ir ao Engenho do Murituba, lugar em que viveu parte da infância ao lado de seus avós, faz da escrita literária sua real defesa diante do processo em que é réu e da prisão com que sua liberdade é limitada. Apesar disso, o narrador diz que às vezes sai de casa bem tarde, à noite, e manda um recadeiro contar à Justina uma "estultice arranjada" (DANTAS, 1991, p. 57). Ao afirmar que sai da casa-prisão em que aguarda o julgamento, o homem não diz a abrangência de suas andanças; não diz a quais lugares ele se dirige.

Nesse sentido, é possível que saia da morada atual e volte aos escombros do Engenho do Murituba, ao lugar em que viveu parte da infância. Também é possível que, aguardando o dia Júri e escrevendo sua própria versão dos fatos, jamais tenha saído do salão da Justina. A limitação espacial do narrador, à semelhança do crime cuja autoria recai sobre seus ombros, é mera especulação. E o narrador assume uma postura aparentemente contraditória. Ele foge e manda recados à tia, como se dissesse: 'Tenho o controle da situação, porque me encarcero. Quando fujo, se eu quiser, anuncio que fugi ou conto à minha tia uma estultice'.

A narrativa desenvolvida por ele é a única forma de expressão possível, é o "lugar" em que algo pode ser dito para contrariar os poderes que se manifestam naquela cidade. Defender esse único "lugar" em que o autor pode se manifestar não é, como bem enfatizou Roland Barthes (2004, p. 24), sustentar a existência de uma escritura "pura", de uma estética da arte pela arte. O ato do autor de literatura está além, é mais radical e é expresso, como dito, no único lugar possível: o texto. O escrivão, fazendo constante referência ao passado no Engenho do Murituba, considera que o "regresso é algo imposto, como se fosse forçado a isso" (DA COSTA; DA SILVA, p. 2749) que também pode ser nomeado rememoração. Ele não pode dizer por outro meio, nem de outra forma. Sendo assim, é verdade que não importam à escritura as mensagens transmitidas aos outros, os temas, os conteúdos em geral, mas sim o combate da língua pela língua (BARTHES, 2004, p. 16).

Em *O Prazer do Texto*, Roland Barthes (1987), como se falasse a uma pessoa específica, afirma: "[o] texto que o senhor escreve tem de me dar prova *de que ele me deseja*. Essa prova existe: é a escritura" (BARTHES, 1987, p. 11). Isso parece uma contradição, porque na *Aula (Leçon)* com que se apresentou ao Colégio de França, o autor disse não haver diferença entre escritura, texto e literatura. Então, se a escritura é prova do texto, a escritura e o texto não podem ser a mesma coisa, exceto se for defendido ciclicamente que o texto justifica a si mesmo. Contudo, não há contradição alguma, porque o autor referiu-se à prova de que o texto deseja o sujeito, mas não à prova da existência do próprio texto [3]. A escritura é a prova de que o sujeito se expressa na linguagem, porque senão ocorre aquilo de que o narrador de *Coivara da Memória* afirma ter sido alvo: a "dispersão que me rouba viaja para longe das páginas que leio, releio, torno a reler, e não consigo entender patavina porque não estou nelas" (DANTAS, 1991, p. 52). O *"ele me deseja"* mencionado por Barthes (1987, p. 11) corresponde ao ato de o sujeito ler a si [4] mesmo nos textos.

As páginas que o tabelião lê repetidas vezes não são identificadas; ele não diz qual(is) o(s) conteúdo(s) expresso(s) nelas. Talvez correspondam aos autos do processo penal, sendo esta razão suficiente para que o narrador as negue e realize a escrita do romance. O serventuário, que tem o hábito de ler, escreve no capítulo treze: "o carteiro me trouxe um pacote da Livraria Modelo. Imediatamente cortei o barbante a canivete, desembrulhei os dois livros que há mais de três meses pedi pelo reembolso postal, na intenção de me municiar contra as reações imprevisíveis do júri" (DANTAS, 1991, p. 103). Essa afirmativa demonstra que o narrador lê contra a acusação e que ele incorpora o conteúdo aprendido à prosa de ficção que escreve. Há, inclusive, citação entre aspas de fragmento de um livro de filosofia que o acusado diz ter lido (DANTAS, 1991, p. 103).

O conjunto dessas referências faz com que se possa defender que a autoria literária do tabelião contrapõe-se à autoria do crime, de modo que a literatura torna-se o "lugar" em que o réu se manifesta para dar a sua versão aos fatos, ao passado, e para contrariar, em defesa própria, qualquer pessoa que se oponha a ele, autor. A ação de analisar a defesa do réu sob essa perspectiva sustenta-se no ponto de vista segundo o qual a escrita e a leitura dos textos

---

[3] Para Barthes, o texto não se resume a aspectos gráficos. Em sua teoria, a noção de texto ultrapassa a de obra (publicação), de modo que é possível que um autor publique diversos escritos e realize um só texto. Além disso, ele compreende que todo texto é intertextual. Essas ideias estão contidas, principalmente, em *O rumor da língua*.

[4] Não se trata de autobiografia.

literários são marcadas pela significação. E a "*significação* pode ser concebida como um processo" (BARTHES, 2006, p. 51, destaque no original); ela não fixa sentidos a isto ou àquilo, mas une o significante a um significado. Conforme afirma Leyla Perrone-Moisés, "[a] literatura nunca é sentido, a literatura é processo de produção de sentidos, isto é, significação"[5].

Esta monografia procurará desenvolver tal processo de produção de sentidos a partir das três personagens a seguir apresentadas.

2.1 JUSTINA: A JUSTIÇA

Se a sequência com que as páginas do livro de Francisco Dantas estão dispostas for respeitada no momento da leitura, a personagem Justina será rapidamente encontrada por todos que se dedicarem ao texto e começarem pelo capítulo inicial. Pode ocorrer, todavia, que o leitor principie por quaisquer outras páginas e as leia ao modo que considerar adequado, reordenando os acontecimentos contados pelo tabelião. É certo que a "inobservância" proposital à ordem com que os eventos se sucedem no texto ficcional, a obediência, portanto, ao "quando", à cronologia dos fatos, caso seja empreendida por qualquer intérprete de *Coivara da Memória*, poderá ir de encontro ao modo "avesso" ao tempo com que o romance está apresentado.

Contudo, Roland Barthes (2011), em *Análise estrutural da narrativa*, indica que "[a] análise atual tende, com efeito, a "descronologicizar" o contínuo narrativo e a "relogicizar" " (BARTHES, 2011, p. 38, aspas no original). Isso, segundo o autor francês, ocorre porque o tempo verdadeiro não existe na narrativa; existe, sim, o tempo que cumpre função na estrutura do texto. O tabelião – ao narrar os eventos de acordo com a lembrança que possui deles, mexendo "as retinas até o relógio de nogueira pregado na parede, herança maior que coube a tia Justina" (DANTAS, 1991, p. 11) – distancia de si o objeto tradicionalmente utilizado para a contagem do tempo. Analisando outro excerto do romance, há quem defenda que o narrador estaria "no espaço" entre o presente e o passado (DO AMARAL, 2007, p. 99). Quem é a proprietária do relógio? Qual a relação que existe entre o nome dela e a palavra "justiça"?

Primeiramente, através dos séculos, a palavra "justiça" constituiu objeto das reflexões de inúmeros autores e deu origem a significações tão diversas que, dependendo do contexto em que foi empregada e do uso feito dela, não se referiam a coisas e ideias pertencentes a uma só categoria. Sendo assim, fazer referência ao vocábulo "justiça" em determinada situação e alhear-se à delimitação da abrangência com que se pretende empregá-lo nada acrescenta às

---

[5] Essa afirmação foi feita por Leyla Perrone-Moisés no prefácio de *Aula (Leçon)*, de Roland Barthes.

discussões. Convém, a propósito, lembrar que o sentido da palavra "direito" também variou ao longo dos anos. Comentando esta ocorrência, Tomás de Aquino (2005) afirma que a palavra latina *ius* "foi empregada primeiramente para significar a própria coisa justa; em seguida, estendeu-se à arte de discernir o que é justo; ulteriormente, passou a indicar o lugar onde se aplica o direito ao dizer, por exemplo, alguém comparece ao *júri* [6]; finalmente" (DE AQUINO, 2005, p. 47), conclui o autor, "chama-se ainda direito o que foi decidido por quem exerce a justiça, embora seja iníquo o que foi decidido" (DE AQUINO, 2005, p. 47).

À palavra "justiça", atualmente, associam-se pelo menos dois dos significados expressos no parágrafo anterior e atribuídos ao termo *ius*: por um lado, "justiça" remete àquilo que é justo e; por outro, "ao lugar em que é aplicado o direito" (DE AQUINO, 2005, p. 47). Se se acrescentar a isso a informação segundo a qual etimologicamente "Justina deriva de "justiça"" (VARAZZE, 2003, p. 789, aspas no original), a pergunta sobre o porquê de a personagem de *Coivara da Memória* ser chamada Justina torna-se relevante. Isso, contudo, não informa a qual significado de "justiça" Justina é capaz de remeter os leitores, devendo a resposta a esse questionamento ser buscada nas páginas do romance. Conforme foi sugerido desde o resumo da monografia, deve-se avaliar o "espaço" que a tia do narrador ocupa na estrutura do texto de ficção, os ambientes pelos quais ela transita e, além disso, é importante analisá-la os gestos e as falas.

Após iniciar o livro e delimitar algumas linhas da narrativa, o tabelião enfatiza que está abraçado por "paredes de barro e pedra" (DANTAS, 1991, p. 11) que lhe fecham o destino. Com essa figura que poderia ocupar o lugar da declaração 'Estou preso!', o homem não escreve sobre o significado e a abrangência do lugar em que se encontra cativo, deixando para outros momentos a narrativa a respeito de algumas especificidades do espaço. No capítulo sete, por exemplo, o narrador sugere que tem onde viver/ficar preso graças à Justina e enfatiza que em virtude de a tia ser propensa

> a pequenos obséquios, e dos preceitos que a vinculam aos parentes de mesmo sangue, é que ela dissimula o aluguel deste salão da frente de sua casa, onde, para viver (ou recordar?) alojei este Cartório do 2º Ofício; hoje reduto onde me trazem enjaulado contra a paz desta cidadezinha cheia de rezas, preconceitos e lorotas (DANTAS, 1991, p. 56).

No fragmento, o oficial do Registro Civil parece contrapor pelo uso do "ou" "viver" e "recordar", sugerindo que há incompatibilidade, por exemplo, entre o presente marcado pelo relógio de sua tia (viver) e o passado que remete ao suposto crime (recordar). A prisão, nesse contexto, seria o mesmo que recordar, pois ela sempre remeteria aos eventos ocorridos no

[6] No texto original, está escrito *iuri* no lugar de *juri*.

instante em que o delito teria sido praticado. Quer o narrador tenha desejado opor aqueles dois verbos ou não, é fato que ele limita a prática de uma e/ou outra conduta ao espaço do Cartório. É neste lugar, salão da frente da casa da Justina, que o neto do senhor de engenho escreve o romance, cumpre a sanção provisória que lhe foi imposta e realiza as funções decorrentes do tabelionato. No prédio da tia, o homem recebe os advogados, traslada as escrituras jurídicas, literárias e aguarda o julgamento dos autos em que é réu, realizando também a tarefa de "descronologicizar" (BARTHES, 2011, p. 38) os acontecimentos e atribuir-lhes a ordenação que julga correta.

Graças ao contexto em que Justina está inserida e à relação etimológica que existe entre o seu nome e a palavra "justiça", pode-se dizer que a tia do narrador é a personificação de um lugar [7]. Esse exame, dependendo da análise empreendida, será considerado inverdade. Afinal, se Justina é proprietária do salão em que o Registro Civil foi posto, ela não pode ser ao mesmo tempo o salão personificado, a não ser que se assuma que a literatura, ao criar outras realidades, não está obrigada a seguir os rigores formais da lógica, podendo, em verdade, contrariá-los e conferir unidade interna ao objeto artístico. Dito de outro modo, é competência da crítica integrar, "exatamente como uma equação lógica experimenta a validade de um raciocínio sem tomar partido quanto à "verdade" dos argumentos que ele mobiliza" (BARTHES, 2007, p. 161). Sendo assim, Justina pode ser lida como proprietária e personificação do prédio em que o Direito é aplicado. O excerto a seguir reforça essa perspectiva:

> Ao indeferir o habeas corpus impetrado a favor do réu primário que sou, o Meritíssimo, manejando as leis como uma varinha de condão... de repente... descobriu que mesmo sem deixar de ser justíssimo, podia me amparar! Alegou então que carregaria nos ombros a pesada responsabilidade de me resguardar contra a tocaia que me espreitava e apadrinhada em becos e pés-de-pau, e que, para não parecer injusto, me concedia um tipo especial de prisão que certamente não desagradaria a tia Justina (DANTAS, 1991, p. 15).

Oencarceramento ao qual o narrador alude é levado a efeito pela Justiça e visa a agradar Justina, como se, conforme o réu quer que todos creiam, o poder se subordinasse a uma pessoa. É fato que, por ser uma construção artística, o texto não se limita aos conceitos jurídicos e às definições rigorosas destes. Considerando-se isso, as expressões "reclusão domiciliar", "tipo especial de prisão" devem ser lidas para significar o processo penal relacionado à prosa de ficção, embora de um ponto de vista externo alguém possa julgá-las

---

[7] Situação parecida pode ser encontrada em *Os Lusíadas*. No texto de Camões, a personagem Adamastor é o Cabo das Tormentas e o gigante ao mesmo tempo. Trata-se, na verdade, de personificação de parte do mar, figura que não conduz aquela obra a nenhuma contradição.

imprecisas conceitualmente. Em trecho anterior ao transcrito, o réu atribui à "Justiça" características incomuns a seres inanimados, o que reafirma a personificação dela. Tornada pessoa por meio de Justina, a Justiça castiga o narrador fazendo de conta que o protege, cumprindo assim um movimento pelo qual ela tem "entranhada predileção" (DANTAS, 1991, p. 15).

Justina, por outro lado, é o único parente vivo que remete à infância do narrador e que viveu com este no Engenho do Murituba. O tabelião, embora afirme ter outros parentes, os irmãos de Justina, vê-se distante deles, critica-os, acusa-os de terem roubado alguns bens de sua tia. Critica-os, além disso, porque eles, ricos graças às vantagens que obtiveram no momento de partilhar a herança, desfrutam do conforto da capital e enviam à Justina o pouco dinheiro com o qual ela é mantida. As reclamações do protagonista são, contudo, mal recebidas por Justina. Toda vez que pretende fazer crítica aos tios, o narrador ouve a mulher dizer: "[s]ó eu que sou a irmã mais idosa posso me queixar... já ouviu? E que nada me passe daqui!" (DANTAS, 1991, p. 56). Justina é avessa a queixas que não sejam mediadas por ela, de modo que a palavra do sobrinho é permitida somente nos limites que a tia autorizar. Repreendido, o homem se cala e curva-se à autoridade da tia. Por que Justina, personificação do lugar em que o Direito é aplicado, não permite a crítica externa?

Diferente do proposto por este trabalho, há quem entenda que Justina seja "eterna companheira de carceragem" (SILVA, 2016, p. 90) do sobrinho e que apenas ela "lhe fez companhia" (TEIXEIRA, 2010, p. 109) nos instantes em que o narrador mais precisava. Essas interpretações, porém, não reparam nas relações sutis de poder que há entre as duas personagens. É fato que Justina põe limite à fala do sobrinho, aluga-lhe (ou finge alugar) um salão e é capaz de exercer influência sobre as decisões do Juiz, de modo que o encarceramento ao qual a Justiça submete o narrador não pode ser desagradável à moradora do Rio-das-Paridas.

Quem seria esta "companheira de carceragem" (SILVA, 2016, p. 90) do protagonista, esta que "lhe fez companhia" (TEIXEIRA,

2010, p. 109), que obteria para o sobrinho um tipo "especial de prisão" (DANTAS, 1991, p. 15) ao qual ela mesma não está submetida? Talvez as palavras "companheira" e "companhia" remetam a pessoas que comem pão juntamente (NASCENTES, 1955, p. 130), sendo aquelas assertivas alusões à cena com a qual o serventuário apresenta Justina pela primeira vez aos leitores. No capítulo um do livro, a dona do salão vai ao local em que o sobrinho se encontra e deixa em cima da escrivaninha "a bandeja com o pires de torradas e o bule que fumega pelo bico" (DANTAS, 1991, p. 14).

Analisada a partir dessa perspectiva, Justina é, sim, companheira; ela reparte o pão com o protagonista.

Em sentido amplo, porém, Justina não é companheira do escrivão. Segundo o narrador, ao tratá-lo com apreço, "ela legitima a sua autoridade sobre este tabelião meio descontrolado que, em paga, sempre ouve calado e de cabeça baixa, as cantilenas contra os meus desatinos" (DANTAS, 1991, p. 57). Mais uma vez, a tia do protagonista visa ao silêncio, ou melhor, à fala controlada por ela. Essa característica de determinar o que as outras pessoas dizem não se manifesta exclusivamente diante do narrador; ela é revelada por Justina para limitar as palavras das "comadres mexeriqueiras" (DANTAS, 1991, p. 57) que falam do oficial do registro, pessoas às quais também não é permitido que "passem da conta" (DANTAS, 1991, p. 57). Quer esteja limitando a fala do sobrinho ou a das comadres, é fato que Justina não recebe bem discursos que façam considerações com as quais ela não concorde e analisa sempre, de acordo com o que a ficção sugere, o conteúdo do que é dito pelos outros.

As imposições de Justina se estendem também ao texto. É isso que o narrador conclui ao ver a tia segurando o "feixe de agulhas" (DANTAS, 1991, p. 147) que serviria à feitura do tecido de algodão (DANTAS, 1991, p. 148). E texto, etimologicamente, quer dizer tecido (BARTHES, 2004, p. 70). Com a metáfora a seguir detalhada, o protagonista adota uma concepção de texto próxima àquela que foi objeto das páginas iniciais deste capítulo. Justina vai desdobrando as suas lembranças, se comprazendo em reviver a antiga cena retalhada, e urdindo com as suas cores a teia de um tempo já despojado de suas amarras, em cuja ausência venho procurando em vão os fiapos de minha face, a fim de ganhar forças para a próxima encenação cuja data está fixada no Edital publicado a mando do Meritíssimo (DANTAS, 1991, p. 148).

Essas são palavras do réu. O fragmento que apresenta a imagem das cores de Justina desfeitas em teia alude novamente a Roland Barthes (1987), porque a escritura, afirma o francês, é o "espaço" em que o sujeito se desfaz, "qual uma aranha que se dissolvesse ela mesma nas secreções construtivas de sua teia" (BARTHES, 1987, p. 83). Como se partisse desse pressuposto, o acusado não se encontra nas páginas que lê e preocupa-se com o fato de que sua tia seja o sujeito a quem o conteúdo do Edital se destina.

Sob esse aspecto, Justina é mito. E o "mito é uma fala" (BARTHES, 2001, p. 131), inclusive se observado a partir da perspectiva etimológica. Em uma só pessoa, veem-se encarnadas as figuras das três moiras [8], sintetizadas por – além das referências à tecelagem, a

---

[8] "Enquanto as agulhas da antiga fiandeira fecundam a talagarça espichada que desabrocha em vistosos cachos de botões vermelhos, sorrio intimamente para minha avó..." (DANTAS, 1991, p. 150).

agulhas e fios – esta passagem em que o neto do senhor de engenho desabafa a respeito de sua tia: "[q]uando a escuto esbravejando contra a injustiça de minha detenção, muitas vezes chego a pensar que ela me quer em liberdade apensas para me ter mais vulnerável, para melhor criar ocasião de me espicaçar com sua falação indisciplinada" (DANTAS, 1991, p. 57).

No caso específico dessa mulher, o mito é a fala que proíbe outras falas; é, frisa-se, "falação indisciplinada" (DANTAS, 1991, p. 57) que se apresenta como espelho a si mesma. Na(o) teia(texto) que está sendo tricotada(o) pela moira, o homem procura os fiapos de sua própria face e não os encontra. A mulher se torna, então, a representação da linguagem mítica, pois ela fala, proíbe a fala de outras pessoas e gesticula para negar o sujeito do texto. Os dizeres (linguagem verbal) e os gestos (linguagem não verbal) de Justina constituem a dupla função do mito, pois o mito "designa e notifica, faz compreender e impõe" (BARTHES, 2001, p. 139).

Sendo a personificação mítica daquele lugar em que o Direito é aplicado, Justina designa o modo e a abrangência da prisão do narrador; notifica ao réu por meio do Edital que ela mesma escreve; faz com que o sobrinho compreenda o passado e admita saber dos acontecimentos porque ela, sua tia, os "reconta" (DANTAS, 1991, p. 54) e; impõe aos usuários da língua que "não passem da conta" (DANTAS, 1991, p. 57) ao falar do protagonista. É relevante ressaltar, porém, que a tia do escrivão jamais impôs o completo silêncio a quaisquer personagens do romance; ela não elimina a comunicação, a linguagem. Suas imposições relacionam-se ao conteúdo que os sujeitos expressam e elas ocorrem assim que a personagem percebe, ou melhor, entende haver o "exagero da fala", o "passar da conta". Daí em diante, a filha do senhor de engenho cria um ambiente em que a aparência superficial do debate substitui o confronto verdadeiro. Mas tal atitude não lança ao chão as divergências, não as apaga, pois "*o mito não esconde nada*: tem como função deformar, não fazer desaparecer" (BARTHES, 2001, p. 143, destaque no original). Seja qual for o contexto e a forma com que o mito se apresenta, verdade é que ele sempre toma para si a fala – vê-se pelo comportamento de Justina –, porque o mito, enfatiza Roland Barthes (2001, p. 152), "é sempre um roubo de linguagem".

Nas últimas páginas da obra, pouco antes de encerrá-la com um ponto final, o antigo menino de engenho refere-se pela última vez à sua tia e considera sem efeitos a futura (e incerta) decisão do processo em que ele é réu. O narrador diz: "[m]esmo que o veredicto final me seja o mais favorável possível, certamente não mudarei sequer desse espaço físico.

Justina é literalmente chamada "fiandeira". É, de fato, mito que remete ao passado e à avó falecida, por exemplo, mas que também se volta ao que há de vir.

Continuarei morando aqui com tia Justina" (DANTAS, 1991, p. 325). Ele também entende que permanecerá lendo as letras escritas em páginas de documentos velhos e, em seguida, remete os leitores de volta ao primeiro capítulo, "à viagem de volta, retorno bem repetido" (DANTAS, 1991, p. 325).

Com esse movimento circular que parece não ter fim à vista, o homem que inicia a escritura preso em um quadrado de pedras encerra-a igualmente, deixando salientado, mais uma vez, que sua tia Justina remeterá ao mesmo espaço físico das páginas de abertura. O texto literário que o serviu de defesa talvez tenha sido ineficiente, porque retornando às folhas iniciais da obra é possível lê-la toda outra vez, significá-la de outro modo e dar outra versão aos fatos. Consciente, porém, de que passou da escritura jurídica para a literária, o réu parece compreender que a literatura não sustenta que "sabe alguma coisa, mas que sabe de alguma coisa" (BARTHES, 2004, p. 18) e, abrindo a escritura à significação, o tabelião faz convite a que os leitores e ele, escritor, regressem juntos ao ponto do qual partiram. Aceitar ou recusar esse apelo é tarefa da qual cada leitor deve desincumbir-se e está inserida no futuro, no rol das coisas que hão de vir, isto é, naquela que é a temática do próximo tópico.

2.2 VENTURA: AS COISAS QUE HÃO DE VIR

Etimologicamente, ventura significa "coisas que hão de vir" (NASCENTES, 1955, p. 522). No romance de Francisco Dantas, a personagem chamada Seu Ventura remete, diferente do que a etimologia sugere, ao passado do Engenho do Murituba e ao trabalho ali desenvolvido. Remete, para além das páginas da ficção, a "antigos lugarejos do Brasil" (DANTAS, 1991, p. 66) aos quais chegaram, como chegou um ascendente do narrador, lusitanos. É, ademais, alusão ao solo regional, ao Nordeste Brasileiro (DAL FARRA, 2013, p. 15). E, assim como Garangó, a quem Dal Farra (2005) estudou, Seu Ventura faz referência "à garapa, ao cabaú, à rapadura, ao melaço, ao açúcar e ao mel" (DAL FARRA, 2005, p. 49). Ventura, homem que guia o carro-de-bois, é o único que restou "de uma redada de nove irmãos" (DANTAS, 1991, p. 36) que rompiam a madrugada e iam à busca da cana-de-açúcar que alimentava as moendas das quais o avô do narrador era proprietário.

O trabalho como carreiro não tirou ao homem o desejo de dedicar-se a atividades bem diferentes da rotina diária do Engenho. Seu Ventura era músico, zabumbeiro, tinha "acertada vocação" (DANTAS, 1991, p. 37), cantarolava quadrinha e não permitia que o eixo daquele antigo meio de transporte propagasse notas desafinadas. Constatando, por exemplo, o chiado malsoante do carro, o instrumentista agia de modo a recuperar "a entonação afinada"

(DANTAS, 1991, p. 37) e a segurar "as notas do assobio agudo" (DANTAS, 1991, p. 37). Os sons emitidos no Murituba eram sempre objeto da atenção desse homem. Será ele, por exemplo, quem encontrará Garangó, personagem misteriosa que, frisa-se, fazia barulho nas cercanias da Mata do Balbino.

Conhecido pela paciência que mantinha diante dos problemas mais complexos, assim como pela habilidade que demonstrava ao resolvê-los, o carreiro do Engenho julgava que todas as dificuldades poderiam ser solucionadas e nutria hábito de coçar o queixo com a unha do polegar. É mais ou menos desse modo que o protagonista apresenta essa personagem cujo nome remete ao futuro, mas cujas manias e ideias remetem ao "cheiro forte e quente do melaço de onde o passado escorre num fio grosso" (DANTAS, 1991, p. 37).

A esse passado que caminhava ao ritmo da produção açucareira é que Seu Ventura remete, como se o nome dado à personagem, contrário à etimologia com que ele, nome, se impregna, fosse desimportante para significá-la a partir da estrutura do romance. O sobrinho da Justina, como se dialogasse com o músico, pergunta: "– Haverá mesmo jeito para tudo – hem, Seu Ventura?" (DANTAS, 1991, p. 38), ao que não obtém resposta. Feita no momento em que o tabelião se encontra preso, a indagação destina-se às "coisas que hão de vir" e o nome dado à personagem torna-se, nesse contexto, apenas artifício para representá-las.

Em um instante posterior, aludindo à etimologia da palavra "ventura", o protagonista escreve: "[a]h, seu Ventura! Há tanta coisa sem jeito! Tão difícil de se remendar! No meio delas todas, bem que me convenço de que o mal-estar que me rói não data da expectativa do júri, nem decorre apenas desta espera hesitante de não saber se serei absolvido ou condenado" (DANTAS, 1991, p. 40). Nesse fragmento, o tabelião critica a incapacidade que o Direito apresenta para lidar com as incertezas, mas acrescenta que saber se será absolvido ou condenado não é a única preocupação que há. Depois, o réu diz que o que também o preocupa relaciona-se à exposição causada pelo Júri, às memórias do menino que assistia inerte ao senhor de engenho condenar pessoas aparentemente inocentes. E, além disso, o protagonista considera que sua vida privada, exposta somente à namorada Luciana, será escavada à unha pelo Promotor de Rio-das-Paridas, pessoa pela qual o narrador alimenta velhas antipatias (DANTAS, 1991, p. 41-42).

Em meio às "coisas que hão de vir" inserem-se as palavras do Promotor. Julgando que isso é verdade, o tabelião as critica antes de serem pronunciadas aos que assistirão ao Júri e amedronta-se com a possibilidade de que saia "daquela boca enviesada uma certa intimidade" (DANTAS, 1991, p. 42). O seu medo é que tudo se converta em espetáculo e que ele, réu, seja tornado vítima naquele ambiente em que a linguagem, por ser estranha à escritura na qual o sujeito se manifesta, o condene. O poder será disseminado e o réu terá múltiplos acusadores, ainda que a punição pública, que o protagonista conhece e sabe da historicidade, não seja a diretriz dos julgamentos atuais. Segundo o morador de Rio-das-Paridas, inexistindo "os festivos públicos de enforcamento que eram encenados no grande cruzeiro defronte da antiga capelinha, só resta a este povinho o réu esporádico – e por isso mesmo mais vorazmente aguardado" (DANTAS, 1991, p. 169).

Com essa afirmação, o protagonista faz referência a um teórico da França que ainda não foi abordado por esta monografia. É sabido que em *Vigiar e Punir*, analisando contexto histórico relativo ao século XVIII, Michel Foucault (1987) escreve sobre a condenação do acusado. Este, diz o francês,

> é encarregado, de algum modo, de proclamá-la e dessa maneira de atestar a verdade do que lhe foi reprovado: passeio pelas ruas, cartaz que lhe é pendurado nas costas, no peito ou na cabeça para lembrar a sentença; paradas em vários cruzamentos, leitura do documento de condenação, confissão pública à porta das igrejas, durante a qual o condenado reconhece solenemente seu crime (FOUCAULT, 1987, p. 43).

A partir da leitura desse excerto e considerando a obra da qual ele foi transcrito, é possível defender que há no texto de Francisco Dantas pelo menos duas referências àquilo que Foucault insere no rol da "ostentação pública". Por um lado, *Coivara da Memória* remete a uma punição específica: o enforcamento; por outro, a um lugar em que os castigos eram levados a efeito: em frente à capelinha. Embora o fragmento de *Vigiar e Punir* que foi citado não faça referência explícita ao enforcamento, essa punição é abordada pela obra de Foucault. A outra semelhança que convém ressaltar, ainda que ela seja bem mais fácil de perceber que a anterior, refere-se ao local em que a punição ocorreria e ao poder atemporal por ele representado: no romance, parte do castigo seria realizada defronte da antiga capelinha; em *Vigiar e Punir*, à porta das igrejas. Essas duas menções a locais considerados sagrados, reitera-se, correspondem a modos distintos de dizer a mesma coisa e, talvez, a modos diferentes de aludir ao mesmo momento histórico.

Como se fizesse outra referência a Michel Foucault (1987), no último capítulo do romance, o narrador supõe que será supliciado [9]. O réu sabe, apesar dessa cogitação, que a palavra suplício, no sentido que o francês a deu, não corresponderá às "coisas que hão de vir", à "ventura". O que o sobrinho da Justina teme e quer evitar diz respeito ao que ele chama "clamor nojento das vozes" (DANTAS, 1991, p. 325) das pessoas que assistirão ao julgamento. Ele afirma que o dia de seu júri será marcado por aspectos quase ritualísticos, por

[9] O neto do senhor de engenho, referindo-se a si mesmo, indaga: "Exigirão do supliciado a postura de réu ou de escrivão?" (DANTAS, 1991, p. 325).

exemplo: roupas, discursos e "luzes do palco armado" para intimidá-lo (DANTAS, 1991, p. 171). Não estando errado o protagonista ao falar do suplício, o palco ao qual ele faz menção identifica-se àquilo que segundo Foucault (1987) fora, nos XVII e XVIII, teatro, "teatro de terror, o resíduo ainda não extinto de uma outra época" (FOUCAULT, 1987, p. 43).

 É no mesmo parágrafo que evoca Seu Ventura, dizendo a este que há muita coisa sem jeito, que o protagonista questiona o corpo de jurados de que é feito o Conselho de Sentença. Segundo a sua narrativa, os jurados desenvolverão a tarefa de "julgar um cristão e semelhante!" (DANTAS, 1991, p. 40). Como se dissesse que será julgado por "iguais", por pessoas que se unem inclusive pela confissão religiosa, e fazendo mais uma referência ao que há de vir, o homem remete à história das penitenciárias e caminha, novamente, na direção do texto de Michel Foucault (1987). Comentando a punição imposta às pessoas acusadas outrora, quando os corpos daquelas eram verdadeiros meios de prova, o teórico escreve que os acusados que morriam acudidos pelos "sentimentos mais cristãos" (FOUCAULT, 1987, p. 41) demostravam a verdade do crime. O sobrinho da Justina, pensando sobre seu próprio julgamento, teme que as "coisas que hão de vir" remetam àquelas que existiram.

 Para aquele que assistirá do banco dos réus ao Júri, a linguagem da plateia não será menos impregnada de poder que a do juiz, promotor e advogado. Estes se valerão, sobretudo, de palavras; aquela, de aplausos. O poder não se divide entre os que possuem e os que não possuem; ele não é "um" com duas faces. O poder, como o entende Roland Barthes (2004, p. 11), "está presente nos mais finos mecanismos do intercâmbio social". A vivência do protagonista, próxima ao ambiente forense e aos julgamentos que o avô fazia no Murituba, fez com ele, tabelião, tenha entendido a fragmentação do poder da linguagem há muito tempo. Quando o neto do senhor de engenho afirma que viu "valentões de palavra petulante e gestos insolentes se desmancharem de repente" (DANTAS, 1991, p. 169), ele indica que o sujeito se desfaz com a ausência da linguagem. Sem palavras (linguagem verbal) e sem gestos (linguagem não verbal) é que os valentões deixavam de existir. Enquanto pensa sobre as "coisas que hão de vir", o réu espera a mensagem de Malaquias. Quem é Malaquias?

2.3 MALAQUIAS: O MENSAGEIRO

No capítulo trinta e oito de *Coivara da Memória*, discorrendo a respeito de uma personagem a quem nunca foi dada a possibilidade de se expressar sobre os fatos imputados ao tabelião, Francisco Dantas (1991) escreve:

> Dizem que o jagunço Malaquias, testemunha maior, emigrou para a divisa de Minas com a Bahia, onde permanece bem estabelecido com o saldo que lhe pagaram os sobrinhos do Coronel. Se assim é, tudo indica que caí numa arapuca, lesado pelos desapiedados que abreviaram a vida do tio (DANTAS 1991, p. 321).

Com essas palavras, o protagonista admite que homicídio eventualmente ocorrera, mas sugere que a autoria do delito permaneceria duvidosa. O Coronel ao qual a passagem faz referência é o Tucão, homem que teria sido morto pelo narrador. No contexto social construído pelo romance, a dominação dos "coronéis submete o povo ao silêncio" (TIBÉRIO, 2013, n.p.). O verbo "dizer", como foi conjugado no fragmento ("Dizem"), põe sobre os ombros de terceiros (eles e/ou elas), que não estão acessíveis a quem lê o texto, a responsabilidade pelo conteúdo do enunciado. Além disso, ao afirmar que Malaquias se encontra na divisa de Minas com a Bahia, lugar a que ele fora e em que permanecera graças ao dinheiro que lhe teriam pagado os parentes da suposta vítima, a obra enfatiza que a localização da testemunha, a existência e a autoria do crime são incertas; porém, sutilmente, o narrador condiciona as afirmações e a existência da armadilha (arapuca) a que fez menção à necessidade de que eles e/ou elas, aqueles que dizem, não estejam mentindo. Nesse contexto, "Se assim é" equivale a "Se é verdade".

Por que Malaquias é "testemunha maior" (DANTAS, 1991, p. 321) dos acontecimentos? A resposta para essa pergunta se encontra no penúltimo capítulo do romance. Nele, o narrador diz que se licenciou do Cartório, passando-o ao escrevente juramentado, despediu-se de Justina (DANTAS, 1991, p. 313), viajou para lugar distante, onde permaneceu escondido algum tempo maquinando contra a vida do Coronel (DANTAS, 1991, p. 314) e à espera do momento oportuno para matá-lo. Regressando aos arredores de Rio-das-Paridas, ele entrou no latifúndio do Tucão. Neste local, uma pessoa recém-chegada dissuadiu-o, sem obter sucesso, de levar adiante os planos de vingança. Em seguida, o protagonista abrigou-se na cidadezinha que o vira partir e soube de sua tia que as devotas comentavam sobre aparições que ele, de maneira mais ou menos escondida, fazia por ali (DANTAS, 1991, p. 315). Vivendo outra vez sob o resguardo urbano, repentinamente, o narrador descobriu uma pessoa que se prontificou a ajudá-lo a pôr em prática as ações para abreviar a vida do Coronel.

Comentando os fatos mencionados no parágrafo anterior e a cena que apresenta o momento em que o serventuário apanhou dos capangas de Tucão, Auda Ribeiro Silva (2016) considera que o narrador, "enquanto passou um tempo fora de sua cidade natal, arquitetou um plano para assassinar o seu algoz. Para execução do dito plano contratou um comparsa, o jagunço Malaquias, para pôr fim a um sofrimento que já perdurava por muitos anos" (SILVA, 2016, p. 31). A pesquisadora parece fazer referência à morte do pai do protagonista, evento que tornou órfão o futuro narrador da história, e conclui, como se pode notar sem muito esforço, que Malaquias fora contratado para abreviar a vida do Coronel. É verdade que o jagunço fora contratado/subornado, mas não se pode concluir disso que Malaquias visava ao homicídio de Tucão, tampouco se pode afirmar que Malaquias estava presente no ambiente do suposto crime. O texto, ademais, não diz se o jagunço proporcionou a entrada do serventuário na casa de Tucão; não diz se o "comparsa" e o sobrinho de Justina chegaram juntos ao local ou se juntos estiveram lá.

É importante acrescentar que o narrador não diz se Malaquias é aquela mesma pessoa que se oferecera para ajudá-lo e sugere que realmente houve o suborno do jagunço. Esta ocorrência estaria situada antes do instante marcado para que o plano vingativo fosse cumprido, sendo inserida, portanto, na esfera da premeditação. O texto, contudo, silencia-se quanto às razões da corrupção e quanto à possível existência de relações entre o subornado e o Coronel. É interessante reparar neste fato: em um primeiro momento, alguém se prontifica a ajudar o narrador; em seguida, o protagonista suborna Malaquias.

Sendo assim, a menos que o jagunço tenha se oferecido ao suborno, o tabelião foi ajudado pelo menos por duas pessoas, sendo Malaquias, em virtude de alguma circunstância a que os leitores não têm acesso, a "testemunha maior" (DANTAS, 1991, p. 321). Com o adjetivo "maior", o narrador afirma implicitamente que outras pessoas podem testemunhar a respeito dos fatos. Somente faz sentido considerar que alguma coisa é "maior" se esta mesma coisa for comparada a outra(s). Há, nesse sentido, uma diferença de graus entre as testemunhas dos acontecimentos aos quais o romance se refere. De modo explícito, porém, o protagonista não afirma haver outras testemunhas.

Em algum capítulo anterior, contudo, o antigo menino de engenho afirma que a única testemunha "existente se escafedeu e foi vista na divisa da Bahia com Minas" (DANTAS, 1991, p. 172), o que certamente é uma referência ao jagunço Malaquias. Com essa afirmação, a dúvida sobre a existência de outras testemunhas parece dar lugar à certeza segundo a qual somente uma pessoa, Malaquias, poderá dar seu testemunho a respeito dos fatos. À pergunta sobre o porquê da contradição do protagonista, que ora sugere que há algumas testemunhas e ora sugere que há uma somente, não se pode responder com facilidade. Não é evidente o motivo pelo qual o narrador constrói assim a personagem Malaquias.

Naturalmente, o homem que conta a história quer conduzir os leitores a uma conclusão que lhe seja favorável e que ateste que todo o processo não passa de uma perseguição injustificada, nutrida, sobretudo, pelos arranjos da política municipal, por aquilo que alguém, ao ler o romance, nomeou "clientelismo" (ANDRADE, 2013, p. 190). Toda a história é contada sob o ponto de vista do narrador que, segundo Joseana Da Fonsêca (2014, p. 170), pode "embaraçar" o relato em virtude do "efeito" da paixão por Luciana e da falta de liberdade que o acomete.

Apesar de todas as incertezas levantadas pelo romance, é certo que o tabelião, movido pelo desejo de vingança, foi à casa da suposta vítima e descreveu assim parte da cena:

> Meu cúmplice empurra um pouco a porta do quarto, e uma réstia de claridade aponta e sai devagarinho para o corredor onde me perfilo e me espremo contra a parede, evitando de me queimar no pavio horizontal da luz mortiça que acaba de espichar sobre os tijolos. O velho dorme como um santo, o parceiro me confirma (DANTAS, 1991, p. 318-319).

Essa testemunha, de cuja localização resta incerteza, pode suscitar outra questão relevante: qual(is) o(s) porquê(s) do nome Malaquias? Destacando-se aspectos etimológicos e observado o "lugar" que ela ocupa no texto, é possível defender que se trata de uma referência à Bíblia e ao último profeta do Antigo Testamento. Segundo Marcelo Moura Silva (2004), no texto bíblico, "[o]s oráculos de Malaquias foram compostos como demandas judiciais. Assim, apresentam um ambiente forense como lugar onde há o embate das partes para um veredicto definitivo" (SILVA, 2004, p. 88). O livro de Malaquias é expressão de um anseio por justiça na comunidade pós-exílica a que o profeta se referiu (SILVA, 2004, p. 88) e, além disso, a palavra Malaquias significa "meu mensageiro" (SBRANA, 2010, p. 27).

Caso sejam associadas ao espaço que a personagem homônima ocupa na estrutura da narrativa de Francisco Dantas, essas afirmações talvez aproximem a escritura do narrador de uma esfera "sagrada". Mas tal associação de sentidos, se houver, é estranha à escritura barthesiana? [10] Não, pois, "[q]uanto à conotação "sagrada", esta só enobrece o termo escritura, com relação à escrita, geral e instrumental" [11]. O importante é que a escritura, a literatura ou o texto não se igualem à escrita comum e não visem a isto ou àquilo.

A aproximação semântica que pode haver entre a escritura sagrada e a escritura barthesiana é particularmente interessante e talvez atribua a uma personagem do texto de Francisco Dantas significações que conduzam à defesa de que há nesse romance intertextualidade com a Bíblia. Quando se analisa Malaquias, personagem de *Coivara da Memória*, nota-se que a testemunha maior (ou única?) é homônima do último profeta do Antigo Testamente da tradição canônica cristã. Há outra semelhança além do aspecto nominal: nas duas escrituras, Malaquias tem uma mensagem a dizer. Mais uma relação, que embora seja sutil pode ser enfatizada, é esta: o Malaquias bíblico situa-se nas últimas do Antigo Testamento; o de *Coivara da Memória*, no último capítulo do romance. Certamente, é bom realçar, a mensagem do Malaquias a que a Bíblia faz menção difere-se muito daquela que pode ser esperada da testemunha inserida no texto do autor nordestino.

Além disso, a personagem-mensageira apresentada pelo texto de Francisco Dantas tem sua linguagem propositalmente omitida pelo narrador. Ainda que alguns resquícios de uma linguagem não verbal do jagunço sejam descritos pelo réu: "exagero a importância d[e] cada gesto que descubro em Malaquias", isso é pouco. O protagonista, sem dizer os porquês, silencia manifestações discursivas diretas e indiretas do jagunço, fazendo com que a suposta testemunha maior, diferente do que se espera de alguém que dá testemunho, seja a negação da linguagem; linguagem no sentido com que Barthes a concebeu em sua *Aula (Leçon)*. Malaquias, isto é, o "meu mensageiro", à revelia do que exigem a referência bíblica, a etimologia e o contexto em que se insere a personagem de *Coivara da Memória*, torna-se portador do silêncio, torna-se negação do poder da língua.

---

[10] Em *O rumor da língua,* Roland Barthes faz referência à Bíblia, ao evangelho de Marcos, mais especificamente, para explicar que o texto é *plural*.

[11] Essa afirmação foi feita por Leyla Perrone-Moisés no posfácio de *Aula (Leçon)*, de Roland Barthes.

3. O CÓDIGO PENAL: A LINGUAGEM E SUA EXPRESSÃO OBRIGATÓRIA

> *"Pelo visto, não posso contar com a condescendência desse Juiz de tamanha probidade, agarrado (...) à velha letra dos códigos que nunca erram"* (DANTAS, 1991, p. 13)

São essas as palavras com as quais o réu comunica seu espanto diante da situação em que o Juiz parece dizer o conteúdo de uma sentença condenatória antes do momento oportuno [12]. O processo penal está no início, a testemunha maior (ou única?) que deveria figurar nele não foi encontrada, mas os códigos que nunca erram podem ser lidos para pressupor a culpa daquele que narra a história. O Magistrado, como se dissesse que age imparcialmente, quer usar a situação de forma exemplar, quer fazer com que todos vejam que as sanções jurídicas também se aplicam a um oficial do Registro Civil, pois a "Lei começa de casa" (DANTAS, 1991, p. 13). Remetendo a um passado distante, a "velha letra" indica que os códigos acertam há muito tempo e que não será diferente em face do tabelião; ele – e não o processo, é importante enfatizar – será "regido por uma jurisprudência cuja história não tem nós nem dobras" (DANTAS, 1991, p. 13).

O desabafo irônico do narrador remete ao poder que se revela pela linguagem. O código mencionado pelo homem é um conjunto de normas que articulam, antes de tudo, palavras. Legislação e linguagem, nesse contexto, se equivalem, de modo que, barthesianamente, "[a] linguagem é uma legislação" (BARTHES, 2004 p. 12) e o contrário também é certo. O poder aí contido não é evidente e revela-se por meio das classificações inerentes a toda língua. A língua é o código da linguagem, ou seja, aquela é expressão obrigatória desta (BARTHES, 2004 p. 12).

Todas as vezes que se manifestam, os Juízes do romance de Francisco Dantas estão obrigados a dizer "algo que faça sentido", a recorrer à repetição, ao gregarismo e àquilo que Barthes (2004 p. 12) nomeou *ordo* [13], quer a fala por eles realizada acarrete prejuízo ou benefício ao narrador. Sem a velha letra dos códigos, isto é, sem atenção ao limite histórico- social das palavras, condenação e absolvição tornam-se impossíveis e dão lugar à incomunicabilidade. E o réu, preso domiciliar, parecer ter consciência disso, porque ele, no excerto transcrito sob a forma de epígrafe, não se queixa do Direito, mas das letras, como se

---

[12] O Magistrado diz ao narrador: "A Lei é iniludível na prática da vigilância! É infalível na letra das sentenças! Como o senhor é membro da Justiça, todos vão ver que a Lei começa de casa. É imparcial para todos: ricos e pobres, pretos e brancos, grandes e pequenos! O senhor não se engane!" (DANTAS, 1991, p. 13).

[13] Repartição e cominação.

dissesse: 'As palavras me cerceiam a liberdade. Os códigos jurídicos não me condenam, mas sim as letras inscritas neles'.

Essa imposição da língua, para Barthes (BARTHES, 2004 p. 14), estaria sempre a serviço de um poder, ainda que a linguagem fosse utilizada nas esferas mais íntimas da vida humana. Não se está dizendo, porém, que o poder da língua se manifesta diante de algumas pessoas somente, pois todos que se valem da estrutura de uma língua estão obrigados a dizer algo. Portanto, não se trata de imposição de conteúdo, mas de estrutura. Geralmente, o sujeito que fala está obrigado a recorrer às estruturas oferecidas pela própria língua, amparando-se em possibilidades compartilhadas por uma comunidade.

No Rio-das-Paridas, lugar em que o sino tocado por Hurliano talvez seja (ou tenha sido) o mais importante meio de comunicação, servindo suas badaladas como ponto de referência ao início e ao término das jornadas de trabalho (DANTAS, 1991, p. 12), o poder expresso na língua é disseminado pela sociedade afora. Segundo o protagonista, muitas pessoas curiosas e com "língua comprida" (DANTAS, 1991, p. 39) fingiam que iam visitá-lo e acabavam desassossegando-o.

A língua referida pelo oficial do registro não se identifica àquela a que o autor francês faz menção. Barthes refere-se a um conceito desenvolvido por linguistas; o narrador, por sua vez, ao dizer "língua comprida", quer referir-se ao hábito de falar muito que ele julga ser comum às pessoas curiosas que vivem naquele local. Apesar dessa distinção, que deve ser feita e enfatizada, a voz do protagonista de Francisco Dantas e a ideia de Roland Barthes desaguam na mesma conclusão: ambas criticam a linguagem. O tabelião diz, por exemplo, que o lugar em que ele vive é uma "cidadezinha cheia de rezas, preconceitos e lorotas" (DANTAS, 1991, p. 56) e questiona novamente o poder revelado na língua.

Se é verdade que "a palavra é um poder" (BARTHES, 2007, p. 31), algumas pessoas, sob o aspecto da linguagem, são mais poderosas que outras. Ou seja, há diferentes graus de poder relacionado àqueles que *possuem as palavras*. O narrador de *Coivara*, ao dizer que seu primeiro advogado "abusava dos termos" (DANTAS, 1991, p. 119) e que isso se apresentou causa suficiente para que os dois se desentendessem, indica a gradação de poder dos possuidores da linguagem. O segundo advogado do tabelião faria uso de "um palavreado cheio de citações e tiradas judiciosas" (DANTAS, 1991, p. 118), mas enfrentaria resistência ao conversar com o protagonista, que, sendo tabelião e escritor acostumado "a fórmulas enferrujadas" (DANTAS, 1991, p. 119), indica conhecer e usar regras de argumentação para "refutar algum pormenor com que não concordava" (DANTAS, 1991, p. 119). Entretanto, a conversa dos dois apenas parecer ser o combate da linguagem pela linguagem.

Comentando sobre o contexto social francês do século XVI ao XIX, Barthes (2007) enfatiza que escritores, pregadores e juristas eram os "proprietários da linguagem" (BARTHES, 2007, p. 31); eles realizariam um monopólio em face do qual nenhuma pessoa estranha àqueles contextos se comunicava por meio da escrita. Dito de outro modo, além de certa parcela da população, "ninguém mais falava" (BARTHES, 2007, p. 31). Apesar do domínio da palavra ser comum aos três grupos, Barthes (2007) sustentou haver uma particularidade histórica que unia juristas e pregadores: eles eram "fechados em suas linguagens funcionais" (BARTHES, 2007, p. 31), diferenciando-se, portanto, dos escritores. Com essa afirmação, o autor não questionou o fato de as áreas do saber terem conceitos que lhes são próprios. Essa crítica serviria ao próprio Barthes e iria de encontro aos conceitos que ele mesmo elaborou em seus textos. Referente a um país e a um momento [14] específicos, a análise do teórico francês visa a demonstrar que há algum tempo escritores, pregadores e juristas não são os únicos a falar, isto é, a escrever.

Curiosamente, o encontro do protagonista (escritor) com o advogado (jurista) é encenado por dois representantes daqueles grupos que Barthes (2007) nomeou "proprietários da linguagem" (BARTHES, 2007, p. 31). O primeiro, de acordo com o que foi mencionado, argumentaria para refutar as "fórmulas enferrujadas" (DANTAS, 1991, p. 119) ou a "repetição" da língua, assim nomeada pelo estruturalista (BARTHES, 2004, p. 14). O segundo, por sua vez, "seria capaz de dar voltas nos dicionários até se perder" (DANTAS, 1991, p. 119), desde que seu cliente não fosse desagradado. E para ver o sobrinho da Justina satisfeito, o advogado se alegrava ao ser refutado, movendo a cabeça para cima e para baixo, como se dissesse "um sim gestual" e concordasse com aquele que lhe apresentava objeções. Isso indica que apesar das pontuais divergências, os dois homens mantinham um processo comunicativo eficiente: o narrador contrariando o advogado e este anuindo com aquele.

3.1 O CÓDIGO E A CONSTRUÇÃO ESTÉTICA DO CRIME(?)

Se se admite que "[a] linguagem do escritor não está encarregada de representar o real, mas de o significar" (BARTHES, 2001, p. 157), é possível que os textos não correspondam identicamente aos fatos do mundo. O escritor, nesse sentido, utiliza-se da língua para construir "a realidade da obra", o conjunto articulado de ideias e personagens que importam mais pela forma que pelo conteúdo. Nesse mundo feito pela linguagem e organizado segundo

---

[14] Segundo o autor, desde a Revolução, há pessoas que se apropriam dos escritores com "fins políticos". Ele, contudo, não detalha o que são "fins políticos".

as normas desta, a literatura não se reveste de instrumentalidades e não persegue qualquer fim. A denotação, o sentido ordinário das palavras não basta à escritura, sendo a conotação e, mais que isso, "a suspensão do sentido" (BARTHES, 2007, p. 168), importante elemento do processo de significação a que estão sujeitos os críticos e os autores.

Ao ler o mundo articulado por *Coivara da Memória*, Auda Ribeiro Silva (2016) afirma que "o crime de homicídio contra a personagem coronel Tucão, que ocasionou a prisão do escrivão e que compreendemos ser o cerne da narrativa, aparece como o grande mistério da trama, pois não são encontradas evidências suficiente[s] para [indicar] quem o cometeu" (SILVA, 2016, p. 31). Apesar do aparente vigor da assertiva, o conteúdo nela expresso não é verdadeiro. O erro cometido pela pesquisadora não recai, contudo, sobre o fato de existirem no romance poucos 'indícios' para sugerir o autor de um crime. O equívoco da afirmação é anterior, mais amplo, e não está relacionado a questões de 'autoria delitiva'; refere-se, isto sim, àquilo que o Direito denominaria 'materialidade'. Ou seja, a dúvida relativa à morte do Tucão é: 'houve crime?'; e não: 'quem cometeu o delito?'. Perguntar quem cometeu o crime corresponde a afirmar, ainda que de modo implícito, que a morte do Coronel não decorreu de causas naturais, razão pela qual o questionamento é impertinente.

Mesmo tendo afirmado isso, a autora contradiz a si mesma e reconhece que é importante indagar se a morte do coronel teria sido decorrente de causas naturais, já que ele estava velho e muito doente (SILVA, 2016, p. 31). Após transcrever da obra o excerto em que o narrador entra no quarto de Tucão e fica sem saber se o coronel está vivo ou morto, Auda (2016) se contradiz explicitamente e afirma: "há um ponto de tensão nessa morte, uma série de dúvidas, uma incógnita que paira sobre esse suposto crime" (SILVA, 2016, p. 34). Em um capítulo posterior da dissertação que escreveu, ela enfatiza a dúvida que há no romance e indaga: "[o] que é narrado sobre a morte do coronel Tucão fica no plano do enigma: vingança, cilada ou morte natural?" (SILVA, 2016, p. 71). Em artigo que publicou depois, Auda (2017,

p. 203) repete literalmente a contradição, sem reparar no fato de que perguntar se a morte do coronel decorreu de causas naturais e afirmar que Tucão foi vítima de homicídio são posturas que, se realizadas ao mesmo tempo, são inconciliáveis.

Adotando conceitos de crime relacionados à sociologia e à psicologia, Auda (2016) conclui seu estudo afirmando, dentre outras coisas, que o crime ao qual o narrador de *Coivara da Memória* faz referência é relacionado principalmente à memória e à pulsão de morte. Movida por esse viés psicológico, mas sem se limitar a classificações pertinentes a um autor em especial, ela acrescenta que o crime é um mal de arquivo [15] e também "é a própria prova de que tudo ali é um arquivo" (SILVA, 2016, p. 76). Nesse sentido, há a sustentação de que o crime justifica a si mesmo, pois é causa e efeito. Colocada de outro modo, sua afirmação equivale a: 'algo é porque é'. Além disso, a estudiosa não aponta a qual(is) conceito(s) de crime de todos aqueles empregados ao longo das páginas ela faz menção ao identificá-lo(s) ao mal de arquivo.

Qualquer que seja o conceito de crime adotado, a possibilidade de que Tucão tenha morrido em virtude de causas naturais é equivalente a de que o crime tenha ocorrido. Sendo assim, ao menos sob o aspecto sociológico mencionado pela autora, não faz sentido dizer que houve delito; não houve desvio. O modo fragmentário com que a narrativa de ficção foi construída e o fato de a história ter sido contada pelo réu fazem com que haja, na verdade, a construção estética da dúvida. Desde o início do texto, o protagonista, com os seguintes dizeres, instala a incerteza: "[é] curioso que dialogo com essas vagas hipóteses que eu mesmo avanço, mas delas não me convenço" (DANTAS, 1991, p. 28). Escrita no contexto em que a escreveu o tabelião, essa frase anuncia o movimento cíclico da narrativa e sugere que o crime é hipotético até para aquele em cujos ombros o peso da autoria cai.

3.2 O CÓDIGO E A CONFISSÃO DE UM CRIME

O narrador do romance escreve para dizer aos leitores que ele não cometeu homicídio. Sob essa perspectiva, o homem se ampara na literatura para opor-se ao direito, ao processo penal, e também para desenvolver outro processo, o processo da escrita e da significação. Este processo apresenta o réu como autor e personagem principal.

Feita essa consideração, é necessário regressar às ideias das páginas iniciais do capítulo dois deste trabalho. No tópico em que foi abordada a personagem Justina e defendida que essa mulher-mito remete, dentre outras ideias, à noção barthesiana de texto, não foi mencionado um dado relevante a respeito do protagonista: o tabelião não tem nome. Dito de modo mais exato, o nome do neto do senhor de engenho não é apresentado em nenhum dos trinta e oito capítulos de que a ficção é composta. O narrador, nos raros momentos que alude aos diálogos que ele tinha com alguém, indica que o seu nome não era pronunciado pelas

---

[15] Trata-se de um conceito elaborado por Derrida a partir da leitura de Sigmund Freud. De fato, o mal de arquivo remete à memória, mas a pesquisadora não demonstrou como a relação (crime/mal de arquivo) aconteceria no texto de Francisco Dantas.

pessoas: o Juiz chamou ao homem "senhor"; sua avó o evocou por "meu filho"; seu avô referiu-se ao narrador por "homem" e "menino"; Justina chamou-o por "você".

O protagonista "sem nome" disse que não dá fim aos autos do processo porque não quer. Nos termos do tabelião,

> [c]om a morosidade peculiar à Justiça, bem sei que, se isso ocorresse [se o processo 'sumisse'], levaria pelo menos outro longo ano para ser reconstituído. E se assim não procedo, não é tanto por medo, que recursos discretos para dar sumiço a um pequeno volume de papel escrito e carimbado nunca faltaram aos Serventuários da Justiça desta Comarca, todos nós até hoje impuníveis (DANTAS, 1991, p. 42).

O fragmento sugere que combater a palavra pela palavra é melhor do que fazer os autos, representação física do processo, sumirem. O narrador afirma ter provocado desaparição de autos processuais e diz que, apesar disso, não sofreu qualquer punição. Com a referência "aos Serventuários da Justiça desta Comarca, todos nós..." (DANTAS, 1991, p. 42), ele se vale de uma silepse de pessoa para incluir a si mesmo no enunciado e fazer exceção à gramática, pois esta exigiria que o excerto fosse escrito de modo a concordar "aos" com a terceira pessoa do plural, isto é, "aos Serventuários da Justiça desta Comarca, todos eles...". O que o impede de repetir o crime de que é autor confesso é, de acordo com o que sugerem as linhas seguintes do texto, o desejo de que o processo termine logo. Contrariando sua própria cogitação de dar final aos autos, o protagonista diz: "[e]spero tão impacientemente que a data [do Júri] chegue e logo se cumpra, como se minha vida fosse esbarrar aí e renascer outra vez" (DANTAS, 1991, p. 43).

No instante em que a sentença for proferida, momento a partir do qual o homem diz que parece que ele irá reviver, talvez o narrador possa ser nomeado. Com esse desejo de que o processo logo termine, o sobrinho da Justina encarna a metáfora da coivara e remete a uma circularidade sem fim. O "renascer outra vez" (DANTAS, 1991, p. 43) indica que ele renasceu simbolicamente em algum momento de sua vida e que o fim do processo marcará o instante de (mais um) renascimento. Renascer também remete ao sentido dicionarizado de coivara, palavra derivada do Tupi [16] e que significa a prática mediante a qual as pessoas preparavam/preparam com chamas o solo para o plantio das novas lavouras. Adriana Sacramento (2013), fazendo referência à coivara sob o ponto de vista social, escreve que os lavradores acreditam "que com essa prática [de encoivarar] o solo se renovará para fazer vingar as novas sementes" (SACRAMENTO, 2013, p. 80).

---

[16] "s.f. resto ou pilha de galhos não queimados, na roça e que se juntam para serem incineradas novamente. (...) [Tupinambá *koîbara* "monte de galhos secos juntado na roça"]". Disponível em: <http://www.etnolinguistica.org/tupi:coivara>. Acesso em: 31 mai. 2019.

A coivara também pode ser, como foi mencionado no capítulo dois deste trabalho ou como a interpreta Antônio Donizeti Pires (2005, p. 67), metáfora do processo criativo. Apesar disso, talvez a figura se expanda ao protagonista que, no ato de recordar memórias próximas e distantes, traslada das escrituras realizadas por outros o texto em que ele, sujeito, aparece para contrapor-se ao poder da língua. Ele escreve, reitera-se, porque está cansado de folhear as páginas amarelas, de tomar depoimentos, de realizar escrituras jurídicas. No tópico em que foi abordada a personagem Justina, estabeleceu-se que o sujeito deve aparecer no texto. Ciente da repetição que o ofício e os textos escritos por terceiros lhe impõem, o neto do senhor de engenho não se sente representado pela linguagem empregada por outras pessoas e diz: "me torno um sujeito áspero, diminuído e desagradado" (DANTAS, 1991, p. 75).

O sujeito "sem nome" e triplamente caracterizado por si mesmo seria alguém à margem. Seria alguém que "vive em constante busca de si mesmo, numa incessante procura do seu lugar no mundo" (SILVA, 2016, p. 51). Por uma perspectiva, a margem em que se encontra o narrador se constituiria a partir da falta de identidade entre ele e a abastada família Costa Lisboa e; por outra, a partir da falta identidade com a família simples de seu pai. Do lado paterno, o tabelião possui raras memórias, ou, se as possui em grande quantidade, não relata aos leitores. Do lado materno, resta-lhe Justina e os irmãos dela, aqueles aos quais foram feitas menções no capítulo dois deste trabalho. Apesar de existirem poucas informações a respeito da ascendência paterna do narrador, é possível inferir que o sobrenome dele é idêntico ao de seu pai. Ou seja, o antigo menino de engenho não assina "Costa Lisboa"; seu nome não remeteria, portanto, à família do coronel que fundou a cidade de Rio-das-Paridas.

Após fazer vaga referência aos antepassados paternos, ele sutilmente diz algo sobre si mesmo e reforça a ideia defendida nas últimas linhas do parágrafo anterior. Reclamando outra vez do ofício de tabelião que herdou de seu pai, o narrador diz que talvez trabalhe com a mesma má vontade do oficial predecessor. Este deixou ao sobrinho da Justina papéis, carimbos velhos e, reitera-se, sobrenome. O réu utiliza do pai os antigos carimbos dos quais apenas raspou "a canivete o primeiro nome" (DANTAS, 1991, p. 75). Nesse sentido, o protagonista afirma implicitamente que, excetuando-se a palavra suprimida "a canivete", o seu nome é idêntico ao do tabelião antecessor. As letras mantidas no carimbo, isto é, aquelas que não foram objeto do apagamento feito pelo acusado, não estão acessíveis ao leitor. Essa constatação, se associada ao fato de que a personagem não se considera autora do crime pelo qual é acusada, permite concluir que o narrador quer ocultar sua própria identidade. Talvez seu nome fique velado até data do Júri. Afinal, a partir desse momento, conforme foi dito, o réu espera "renascer outra vez" (DANTAS, 1991, p. 43). E nesse "renascer" talvez se inclua a possiblidade de que ele seja (re)nomeado.

4. CONSIDERAÇÕES FINAIS

> *"certamente continuarei a trilhar o mesmo caminho, me estraçalhando no círculo das noites insones, até o dia em que alguma coisa possa mudar"* (DANTAS, 1991, p. 328).

No texto analisado, não há construção estética do crime, mas sim do processo penal. O processo penal, nesse contexto, reafirma-se, significa persecução judicial e escritura, processo de escrever contrário ao poder expresso na linguagem. O texto do réu-narrador é contrário ao poder expresso nos gestos e nos discursos de Juízes, advogados, membros do Ministério Público. É também contrário à linguagem comum das pessoas que moram em Rio-das- Paridas. Em toda a obra, o narrador não pode escapar a esses processos penais que são contrários. Ele não pode escapar à tarefa de escrever uma obra que negue os autos em que seu nome está escrito para designar o autor de um delito. A autoria do romance é resposta à autoria delitiva que recai sobre o narrador. Se, por um lado, há dúvida quanto à existência e autoria do crime; por outro, não restam dúvidas quanto à existência e autoria da escritura, "lugar" em que o sujeito dá a sua versão aos fatos que lhe imputaram. Contra a autoria duvidosa de um crime impõe-se a autoria certeira de um texto literário, que, marcado por diversas intertextualidades, é a autodefesa do réu.

No romance, o código com o qual o narrador não pode contar não é código em que estão escritas as normas do Direito; é a própria linguagem que está ausente, porque foi roubada pelo mito-Justina. Falta linguagem que nomeie o narrador, falta linguagem que permita ao Juiz marcar o Júri, falta linguagem que permita ao narrador fazer críticas à Justina e aos irmãos desta, isto é, uma crítica que não seja avaliada pela própria Justina. Falta, principalmente, a mensagem de Malaquias, que a todos virou as costas e silenciou o testemunho capaz de acrescentar informações à narrativa.

Considerando, ainda, que Justina é a personificação do lugar em que o Direito é cumprido e que Malaquias supostamente está em espaço incerto (na divisa de Minas com a Bahia), a testemunha maior do crime é a negação daquela mulher-mito. Malaquias não emigrou levando um objeto qualquer do crime; ele levou a linguagem. Negando falar no espaço em que as leis são cumpridas, o jagunço vira as costas à Justina e demonstra que a palavra contextualizada é um poder. Além disso, a imagem da Justina tecendo remete às noções de texto/escritura/literatura empregadas por Roland Barthes, mas se diferencia das teorias do francês porque nega o sujeito. O Direito, por sua vez, apresenta-se como poder revelado pela linguagem.

Outras personagens do romance poderiam dizer algo sobre a inocência ou culpa do tabelião-narrador, mas cabe ao jagunço Malaquias somente a expressão que goza de poder e, por consequência, a possibilidade de negar o poder pelo silêncio. Os trinta e sete primeiros capítulos de *Coivara da Memória* constituem uma articulada escritura jurídico-literária, demonstrando que o poder é fragmentado assim como a narrativa que o apresenta. O último capítulo remete à testemunha que está distante e silenciosa, dá ao texto um aspecto de negação da palavra e reforça as dúvidas instauradas (Houve crime? Por que o narrador quer convencer a todos de que ele é inocente? Por que as personagens têm os nomes que têm? Por que o protagonista não é nomeado?). O jagunço que "emigrou" é quem, reitera-se, deu às costas à Justina e, por isso, não disse nada ao longo de todas as páginas de que o romance se constitui, como se ficasse em silêncio, tendo, porém, a faculdade de descrever algo que só ele viu e/ou sabe.

Constatado o "sumiço" da testemunha, seria necessário que ela voltasse à cidade em que o protagonista vive e dissesse algo sobre a morte do Tucão. Caso Malaquias testemunhasse, o tabelião poderia dar fim à escritura sem convidar o leitor ao movimento cíclico de voltar às páginas iniciais. Com as palavras de Malaquias, o processo de escrita do narrador poderia chegar ao fim e o tabelião poderia ver (in)justificada a punição que lhe foi imposta. Soma-se a isso que a "pena" que em determinado momento histórico foi utilizada para realização de textos em geral é simbolizada pela velha máquina de escrever [17]com a qual o réu elabora a escritura e se apresenta aos leitores. Isso significa que, por um lado, pena [18] refere-se ao objeto com que o escritor translada as escrituras e; por outro, pena [19] remete à punição que foi cominada ao narrador e que ele cumpre no salão de sua tia Justina.

No tópico 2.2 desta monografia, foi sustentada rapidamente a ideia segundo a qual há alguma relação entre o romance de Francisco Dantas e os escritos de Michel Foucault. É possível que trabalhos futuros, se assim seus autores desejarem, relacionem *Coivara da Memória* às obras daquele francês.

Por fim, a monografia não apresentou conceitos de sistemas processuais penais e amparou-se, basicamente, nos escritos de Roland Barthes, que não é um teórico "do Direito". Além disso, o texto é falho porque não adota explicitamente uma concepção sobre personagem ao mesmo instante em que é desenvolvido a partir da análise de Justina, Ventura

---

[17] Remington.

[18] Do Latim *penna* (de ave). NASCENTES, Antenor. **Dicionário etimológico da língua portuguesa.** Prefácio de W. Meyer-Lübke. 1ª Ed.

Segunda Tiragem. Rio de Janeiro: Francisco Alves, 1955.

[19] Do Latim *poena* (castigo). NASCENTES, Antenor. **Dicionário etimológico da língua portuguesa**. Prefácio de W. Meyer-Lübke. 1ª Ed. Segunda Tiragem. Rio de Janeiro: Francisco Alves, 1955.

e Malaquias. Com relação à primeira falha apontada, ela não altera o fato de que *Coivara da Memória* pode ser lida atribuir significações ao Direito e à Literatura, ainda que este trabalho possa não ter conseguido desenvolvê-las de modo satisfatório. E, sendo necessária a adoção de uma concepção de Literatura, as ideias de Barthes deram tom à análise, revelando-se esse posicionamento uma escolha metodológica. À crítica apontada por último é possível responder dizendo que, de fato, este escrito não partiu de um conceito de personagem. Tal conceituação, por si só, imporia à monografia problema muito maior que a capacidade que ela teria para resolvê-lo.

5. REFERÊNCIAS

ANDRADE, Maria Luzia Oliveira. INTERTEXTOS E CULTURA SERGIPANA EM "COIVARA DA MEMÓRIA", DE FRANCISCO DANTAS. **Interdisciplinar-Revista de Estudos em Língua e Literatura**, v. 7, 2013.

BARTHES, Roland et. al. **Análise estrutural da narrativa**. Tradução: Maria Zélia Barbosa. 7ª ed. Petrópolis, RJ: Vozes, 2011.

BARTHES, Roland. **Aula**. Tradução: Leyla Perrone-Moisés. 14ª ed. São Paulo: Cultrix, 2004.

_____. **Crítica e verdade**. Tradução: Leyla Perrone-Moisés. São Paulo: Perspectiva, 2007.

_____. **Elementos de semiologia**. Tradução: lzidoro Blikstein. 16ª. ed. São Paulo: Cultrix, 2006.

_____. **Mitologias**. Tradução: Rita Buongemino e Pedro de Souza. 11ª ed. Rio de Janeiro: Bertrand Brasil, 2001.

_____. **O prazer do texto**. Tradução: J. Guinsburg. São Paulo: Perspectiva, 1987.

_____. **O rumor da língua**. Tradução: Mario Laranjeira. 2ª ed. São Paulo: Martins Fontes, 2004.

Biblioteca Digital Curt Nimuendajú: línguas e culturas indígenas sul-americanas. Disponível em: <http://www.etnolinguistica.org/tupi:coivara>. Acesso em: 31 mai. 2019.

CANDIDO, Antonio et al. **A personagem de ficção**. São Paulo: Perspectiva, 1976.

CANDIDO, Antonio. **Literatura e sociedade**. 9ª ed. Rio de Janeiro: Ouro sobre Azul, 2006.

DA COSTA, Patrícia Valéria Vieira; DA SILVA, Eli Brandão. **A MEMÓRIA COMO MECANISMO DO TRÁGICO NA POÉTICA DE FRANCISCO JOSÉ DANTAS.** Disponível em: <http://www.abralic.org.br/anais/arquivos/2016_1491410674.pdf>. Acesso em: 16 jan. 2018.

DA FONSÊCA, Joseana Souza. A identidade do narrador em Francisco Dantas. **Revista Fórum Identidades**, 2014.

DAL FARRA, Maria Lúcia. As artes & ofícios nos romances de Francisco JC Dantas. **Moderna språk**, v. 106, n. 1, p. 47-64, 2012.

_____. Um olhar (enamorado) sobre a obra de Francisco JC Dantas. **Interdisciplinar- Revista de Estudos em Língua e Literatura**, v. 8, 2013.

DANTAS, Francisco JC. A lição rosiana. **Scripta**, v. 6, n. 10, p. 386-392, 2002.

_____. **Coivara da Memória**. São Paulo: Estação Liberdade, 1991.

DE AQUINO, Tomás. **Suma Teológica**. v. 6. São Paulo: Edições Loyola, 2005.

DE VARAZZE, Jacopo. **Legenda áurea**: vidas de santos. Tradução do latim, apresentação, notas e seleção iconográfica: Hilário Franco Júnior. São Paulo: Companhia das Letras, 2003.

DO AMARAL, Ricardo Ferreira. A modernidade do regionalismo em Coivara da memória. **Contexto-Revista do Programa de Pós-Graduação em Letras**, n. 14, 2007.

FOUCAULT, Michel. **Vigiar e punir**: nascimento da prisão. Tradução: Raquel Ramalhete. Petrópolis: Vozes, 1987.

NASCENTES, Antenor. **Dicionário etimológico da língua portuguesa**. Prefácio de W. Meyer-Lübke. 1ª Ed. Segunda Tiragem. Rio de Janeiro: Francisco Alves, 1955.

SACRAMENTO, Adriana. COIVARA DE PALAVRAS. **Interdisciplinar-Revista de Estudos em Língua e Literatura**, v. 3, 2013.

SANTINI, Juliana. A palavra que faz o passado: narrativa e tradição na literatura e no cinema brasileiros dos últimos anos. **Letras & Letras**, p. 331-346, 2011.

SBRANA, Lélia Yole. **Justiça do órfão**: um ensaio sobre o órfão na profecia a partir de Isaías 1, 10-17. 2010. Disponível em: < https://tede2.pucsp.br/bitstream/handle/18392/1/Lelia%20Yole%20Sbrana.pdf>. Acesso em: 09 ago. 2018.

SILVA, Auda Ribeiro. **A construção estética e cultural do crime em Coivara da Memória**. 2016. Disponível em: <https://ri.ufs.br/handle/riufs/5841>. Acesso em: 15 jan. 2018.

____. ARQUIVO, CRIME E TOCAIAS EM "COIVARA DA MEMÓRIA". **Revista Fórum Identidades**, Ano 11, v. 24, n. 24, mai. – ago. 2017.

SILVA, Marcelo Moura da. **MALAQUIAS, MENSAGEIRO DA JUSTIÇA**: UM ESTUDO A PARTIR DO QUARTO ORÁCULO. (2, 17-3, 5). 2004. Disponível em: <http://tede.metodista.br/jspui/bitstream/tede/395/1/Marcelo%20Moura%20da%20Silva.pdf>. Acesso em: 20 jan. 2018.

TEIXEIRA, Glauciane Reis. **O desvelar do silêncio em Coivara da Memória, de Francisco Dantas**. 2010. Disponível em: <http://www.lume.ufrgs.br/handle/10183/24850>. Acesso em: 15 jan. 2018.

TIBÉRIO, Fabiana Francisco. FRANCISCO JC DANTAS E A CONDIÇÃO DRAMÁTICA DO NORDESTINO. **Línguas & Letras**, v. 14, n. 27. 2013.

www.ingramcontent.com/pod-product-compliance
Lightning Source LLC
Chambersburg PA
CBHW070126230526
45472CB00004B/1438